Reunidos pela força do Espírito Santo

Tarcila Tommasi, fsp

Reunidos pela força do Espírito Santo

Novena de Pentecostes

Editora responsável: Andréia Schweitzer
Equipe editorial

1ª edição – 2014
7ª reimpressão – 2023

Nenhuma parte desta obra poderá ser reproduzida ou transmitida por qualquer forma e/ou quaisquer meios (eletrônico ou mecânico, incluindo fotocópia e gravação) ou arquivada em qualquer sistema ou banco de dados sem permissão escrita da Editora. Direitos reservados.

Paulinas

Rua Dona Inácia Uchoa, 62
04110-020 – São Paulo – SP (Brasil)
Tel.: (11) 2125-3500
https://www.paulinas.com.br – editora@paulinas.com.br
Telemarketing e SAC: 0800-7010081

© Pia Sociedade Filhas de São Paulo – São Paulo, 2014

Introdução

Cremos que na Igreja há um Pentecostes ainda a caminho, diz o documento *A palavra do Senhor* (n. 4). Por isso, nos unimos em oração, intercedendo pela vinda do Espírito Santo, que faz novas todas as coisas.

Ele rejuvenesce nossa vida, quando mergulhamos na ação de graças e no louvor a Deus. Assim, entramos em sintonia com Deus e a nossa oração se torna "um cântico novo" (Sl 98,1), mesmo quando unimos a pobreza de nossos pedidos com as palavras sábias da Sagrada Escritura.

Nesta novena a Palavra de Deus nos guiará nas reflexões. Que o Espírito Santo nos ilumine e continue, hoje, a nos falar de esperança e paz.

A autora

PRIMEIRO DIA

Vinde, Espírito Santo

Todos: Em nome do Pai, do Filho e do Espírito Santo. Amém.

Motivação

Dirigente: Dando início a esta novena, vamos nos cumprimentar e desejar uns aos outros muita luz e paz.

Estamos reunidos como os apóstolos no cenáculo, em comunhão com Maria Santíssima, porque cremos na promessa de Jesus: "Eu enviarei sobre vós o que meu Pai prometeu... Quando ele vier, o Espírito da verdade, vos conduzirá na verdade plena" (Jo 15,26; 16,13).

Canto: (P. 58.) (*Levantar os braços em sinal de acolhida.*)
Vem, Espírito Santo, vem,
vem iluminar (bis).

Leitor: A Bíblia nos fala dos dons que o Espírito de Deus nos concede. São disposições que tornam a pessoa dócil para seguir os impulsos desse mesmo Espírito. "Um ramo brotará das raízes de Jessé. Sobre ele repousará o espírito do Senhor, espírito de sabedoria e de discernimento, espírito de conselho e de fortaleza, espírito de ciência e de temor de Deus, e no temor de Deus estará a sua inspiração" (Is 11,1-3).

Invocações ao Espírito Santo

(A cada invocação, responder: "Vinde a nós".)

– Espírito Santo, amor eterno do Pai e do Filho.

– Espírito divino, que sois um só Deus com o Pai e o Filho.

– Espírito de verdade, iluminai-nos.

– A vós consagramos nossa inteligência e nossa memória.

– Revelai-nos o sentido profundo da Palavra de Deus.
– Espírito santificador, a vós consagramos nossa vontade.
– Conduzi-nos sempre no caminho do bem.
– Espírito de vida, a vós consagramos nosso coração.
– Fazei crescer em nós o amor a Deus e ao próximo.
– Espírito Santo, renovador, conservai em nós a saúde.
– Livrai-nos de todas as doenças e de todo mal.

Oração

Vinde, Espírito Santo. Enchei os corações dos vossos fiéis e acendei neles o fogo do vosso amor. Que vosso Espírito divino, Senhor, nos ilumine, nos abrase e purifique; que nos penetre com seu orvalho celeste e nos torne fecundos em boas obras. Por nosso Senhor Jesus Cristo, vosso filho, na unidade do Espírito Santo. Amém.

(Um instante de silêncio para nos conscientizarmos da presença do Espírito Santo que habita em cada um de nós.)

Dirigente: Peçamos-lhe a graça de viver bem esta novena. A nossa fidelidade é muito importante para nos unirmos a toda a Igreja que, nestes dias, procura estar em comunhão para louvar, agradecer e pedir os dons de que mais precisamos.

(Pausa para oração individual.)

Canto: *(Refrão)*
Envia teu Espírito, Senhor,
e renova a face da terra.

Salmo de louvor 104(103)

(Recitado.)
Bendizei, ó minha alma, ao Senhor!
Senhor, meu Deus, como sois grande!
De majestade e esplendor, vos revestis
e de luz vos envolveis, como num manto.

(A cada estrofe repete-se o refrão: "Envia teu Espírito, Senhor, e renova a face da terra".)

Quão numerosas, ó Senhor, são vossas obras
e que sabedoria em todas elas,
enche-se a terra com as vossas criaturas,
ó meu Deus e meu Senhor, como sois grande.

Se tirais o seu respiro elas perecem
e voltam para o pó, de onde vieram,
enviais o vosso Espírito e renascem
e da terra toda a face renovais.

Conclusão

Dirigente: Que o Senhor Deus, que é Pai, Filho e Espírito Santo, nos abençoe, nos guarde de todo mal e nos conduza à vida eterna.

(Fazer o sinal da cruz.)

Todos: Em nome do Pai, do Filho e do Espírito Santo. Amém.

SEGUNDO DIA

Dom da sabedoria

Todos: Em nome do Pai, do Filho e do Espírito Santo. Amém.

Motivação

Dirigente: Estamos novamente reunidos como os apóstolos no cenáculo, em comunhão com Maria Santíssima, porque cremos na promessa de Jesus: "Eu enviarei sobre vós o que meu Pai prometeu... Quando ele vier, o Espírito da verdade, vos conduzirá à verdade plena" (Jo 15,26; 16,13).

Canto: *(P. 58.) (Ou outro, à escolha.)*

Vem, Espírito Santo, vem,
vem iluminar.

(Após o canto, uma pessoa deve entrar levando a Bíblia aberta, o livro da sabedoria divina.)

Dirigente: Hoje vamos refletir sobre o dom da sabedoria. O que se entende por sabedoria e em que ela nos ajuda?

Leitor: A Bíblia nos orienta sobre o significado desse dom. Sabedoria não é o conhecimento que se adquire na escola, através da leitura ou por meio das redes sociais. A Palavra de Deus nos convida a sermos sábios diante da vida, isto é, a reconhecermos a "mão de Deus" nos acontecimentos e a sabermos discernir o bem do mal (cf. Sb 7).

Dirigente: Este dom nos faz relembrar o momento em que recebemos o sacramento do Crisma. Memória que vem recuperar e atualizar em nós a força dos dons do Espírito e nos convida novamente a sermos testemunhas como cristãos-discípulos, no seguimento de Jesus.

Oração

Todos: Ó Deus de nossos pais e Senhor de misericórdia, tudo criastes com a vossa palavra. Com a vossa sabedoria formastes o ser humano para dominar as criaturas, para governar o mundo com santidade e justiça e exercer o julgamento com retidão de coração.

Concedei-nos a sabedoria que está entronizada ao vosso lado e não nos excluais do número de vossos filhos... Dai-nos a sabedoria que tudo sabe e tudo compreende. Ela nos guiará e nos protegerá com prudência em nossas ações (Sb 9,1ss).

Canto: *(P. 58.) (Ou outro, à escolha.)*

Enviai, Senhor, sobre os vossos filhos
o Espírito de santidade.

A Palavra se faz oração

(A cada intenção, dizer: "Dai-nos, Senhor, o Espírito de sabedoria".)

– Pela Igreja, para que, a exemplo de Jesus, acolha a todos com atitudes de sabedoria, bondade e misericórdia.

– Por todos os povos, para que reconhe-
çam na sua história a presença de Deus
e cheguem ao conhecimento da verdade
que salva.
– Pela nossa comunidade, para que nos
deixemos orientar pelo Espírito de sabedoria nos julgamentos e nas ações.

*(Quem quiser pode dizer sua intenção
pessoal.)*

Salmo de louvor 104(103)

Bendizei, ó minha alma, ao Senhor!
Senhor, meu Deus, como sois grande!
De majestade e esplendor, vos revestis
e de luz vos envolveis, como num manto.

*(A cada estrofe repete-se o refrão: "Envia teu
Espírito, Senhor, e renova a face da terra".)*

Quão numerosas, ó Senhor, são vossas obras
e que sabedoria em todas elas,
enche-se a terra com as vossas criaturas,
ó meu Deus e meu Senhor, como sois grande.

Se tirais o seu respiro elas perecem
e voltam para o pó, de onde vieram,
enviais o vosso Espírito e renascem
e da terra toda a face renovais.

Conclusão

Dirigente: Que o Senhor Deus, que é Pai, Filho, Espírito Santo, nos abençoe, nos guarde de todo mal e nos conduza à vida eterna.

(*Fazer o sinal da cruz.*)

Todos: Em nome do Pai, do Filho e do Espírito Santo. Amém.

TERCEIRO DIA

Dom da inteligência

Todos: Em nome do Pai, do Filho e do Espírito Santo. Amém.

Motivação

Dirigente: Estamos novamente reunidos como os apóstolos no cenáculo, em comunhão com Maria Santíssima, porque cremos na promessa de Jesus: "Eu enviarei sobre vós o que meu Pai prometeu... Quando ele vier, o Espírito da verdade, vos conduzirá à verdade plena" (Jo 15, 26; 16,13).

Canto: *(P. 58) (Colocar as mãos abertas sobre a cabeça pedindo a Luz.)*

Vem, Espírito Santo, vem,
vem iluminar.

Dirigente: Hoje vamos refletir sobre o dom da inteligência.

Leitor: A Bíblia nos faz entender que a inteligência é um dom do Espírito que nos ilumina sobre os caminhos do bem, as verdades da salvação e os ensinamentos da Igreja.

Se nos conhecermos mais profundamente, perceberemos que existe em nós um impulso para o bem, mas não a capacidade de efetuá-lo; ao mesmo tempo, perceberemos que temos ódios e que, às vezes, nos deixamos dominar pelo mal. Mas a presença do Espírito em nós ilumina a nossa inteligência, para pensarmos e agirmos de acordo com o bem e a vontade de Deus (cf. Rm 7,15-19).

Oração

Todos: Vinde, Espírito Santo. Enchei os corações dos vossos fiéis e acendei neles o fogo do vosso amor. Que vosso Espírito divino, Senhor, nos ilumine, nos abrase e purifique; que nos penetre com seu orvalho celeste e nos torne fecundos em boas obras. Por nosso Senhor Jesus Cristo, vosso filho, na unidade do mesmo Espírito Santo. Amém.

(Um instante de silêncio para orarmos ao Espírito Santo que habita em cada um de nós. Peçamos-lhe o dom da inteligência para pensarmos e realizarmos o bem.)

Canto: *(P. 58.)*
Vem, vem, vem, Espírito Santo,
transforma a minha vida, quero renascer.

A Palavra se faz oração

(A cada intenção, dizer: "Dai-nos, Senhor, o espírito do bem".)
– Por todos os que vivem dificuldades no relacionamento familiar.

- Por todos os que sofrem por não ter forças para vencer o mal.
- Por todos os catequistas, educadores e pais, para que formem as crianças e os adolescentes segundo os valores cristãos.

(*Acrescentar intenções pessoais.*)

Salmo de louvor 104(103)

Bendizei, ó minha alma, ao Senhor!
Senhor, meu Deus, como sois grande!
De majestade e esplendor, vos revestis
e de luz vos envolveis, como num manto.

(*A cada estrofe repete-se o refrão: "Envia teu Espírito, Senhor, e renova a face da terra".*)

Quão numerosas, ó Senhor, são vossas obras
e que sabedoria em todas elas,
enche-se a terra com as vossas criaturas,
ó meu Deus e meu Senhor, como sois grande.

Se tirais o seu respiro elas perecem
e voltam para o pó, de onde vieram,
enviais o vosso Espírito e renascem
e da terra toda a face renovais.

Conclusão

Dirigente: Que o Senhor Deus, que é Pai, Filho, Espírito Santo, nos abençoe, nos guarde de todo mal e nos conduza à vida eterna.

(Fazer o sinal da cruz.)

Todos: Em nome do Pai, do Filho e do Espírito Santo. Amém.

QUARTO DIA
Dom do conselho

Todos: Em nome do Pai, do Filho e do Espírito Santo. Amém.

Motivação

Estamos novamente reunidos como os apóstolos no cenáculo, em comunhão com Maria Santíssima, porque cremos na promessa de Jesus: "Eu enviarei sobre vós o que meu Pai prometeu... Quando ele vier, o Espírito da verdade, vos conduzirá à verdade plena" (Jo 15,26; 16,13).

Canto: *(P. 58.) (Ou outro, à escolha.)*

Vem, Espírito Santo, vem,
vem iluminar.

Dirigente: Hoje vamos refletir sobre o dom do conselho.

Leitor: O dom do conselho é luz e guia; ilumina a quem tem fé para fazer as pequenas ou grandes escolhas que a vida apresenta. Não se trata de aconselhar os outros a que mudem de atitude; o dom do conselho nos dá a luz necessária para acertar os caminhos do bem. Assim, o nosso testemunho poderá ajudar o próximo na edificação da solidariedade e da vida cristã.

(Rezar alternadamente este canto.)

Enviai, Senhor, sobre os vossos filhos
o espírito de santidade.

Que o Espírito nos ensine a rezar,
que ele atraia nossas almas para Deus.

Que nossas almas em fogo se transformem,
pois é ardente o Espírito do Senhor.

Para lutar, para vencer o mal,
nos comunique a força de Deus.

Que ele encha os corações de alegria,
e sua paz ilumine nossa fronte.

Passo a passo, que ele nos guie para Deus,
e sua lei grave em nossos corações.

Para servir na Igreja santa de Cristo
e que nos dê a audácia dos santos.

A Palavra se faz oração

(A cada intenção, dizer: "Senhor, escutai a nossa prece".)

– Por todas as iniciativas que promovem a paz entre os povos, as comunidades e as famílias.
– Por todas as atividades pastorais empreendidas nas paróquias de nosso País.
– Pelos missionários que deixam sua pátria e sua segurança familiar, para que seu testemunho torne visível o Evangelho de Jesus.

(Podem-se colocar outras intenções.)

Salmo de louvor 104(103)

Bendizei, ó minha alma, ao Senhor!
Senhor, meu Deus, como sois grande!
De majestade e esplendor, vos revestis
e de luz vos envolveis, como num manto.

(*A cada estrofe repete-se o refrão: "Envia teu Espírito, Senhor, e renova a face da terra".*)

Quão numerosas, ó Senhor, são vossas obras
e que sabedoria em todas elas,
enche-se a terra com as vossas criaturas,
ó meu Deus e meu Senhor, como sois grande.

Se tirais o seu respiro elas perecem
e voltam para o pó, de onde vieram,
enviais o vosso Espírito e renascem
e da terra toda a face renovais.

Conclusão

Dirigente: Que o Senhor Deus, que é Pai, Filho, Espírito Santo, nos abençoe, nos guarde de todo mal e nos conduza à vida eterna.

(Fazer o sinal da cruz na fronte da pessoa que está a lado.)

Todos: Em nome do Pai, do Filho e do Espírito Santo. Amém.

QUINTO DIA
Dom da fortaleza

Todos: Em nome do Pai, do Filho e do Espírito Santo. Amém.

Motivação

Dirigente: Estamos novamente reunidos como os apóstolos no cenáculo, em comunhão com Maria Santíssima, porque cremos na promessa de Jesus: "Eu enviarei sobre vós o que meu Pai prometeu... Quando ele vier, o Espírito da verdade, vos conduzirá à verdade plena" (Jo 15,26; 16,13).

Canto: (*P. 58.*)(*Ou outro, à escolha.*)
Vem, Espírito Santo, vem,
vem iluminar.

Dirigente: Hoje vamos refletir sobre o dom da fortaleza. O Espírito Santo nos torna fortes: fortes nas dificuldades, fortes na luta contra o mal, fortes nas decisões, fortes para assumir as responsabilidades. Essa fortaleza nos faz fugir do pecado e praticar as virtudes.

Um bispo oriental, numa assembleia ecumênica, afirmou em oração: "Sem o Espírito Santo, Deus está distante, Cristo permanece no passado, o Evangelho é letra morta; a Igreja, uma simples organização; a autoridade, dominação; a missão, propaganda; o culto, uma evocação; o agir cristão, uma moral de escravos".

"Com o Espírito Santo, o cosmos se eleva e geme no parto do Reino, o homem luta contra a carne, o Cristo está presente, o Evangelho é poder que dá vida, a Igreja, sinal de comunhão trinitária, a autoridade, serviço libertador, a missão, um novo Pentecostes, a liturgia, memorial e antecipação, o agir humano é divinizado" (Inácio de Larakia, *apud* R. Cantalamessa, em: *O canto do Espírito*).

Canto: (*P. 58.*)

Quando tu, Senhor, teu Espírito envias, todo mundo renasce, é grande a alegria.

Dirigente: (*Um instante de silêncio para reflexão.*) Em que situação da minha vida estou precisando mais da força do Espírito de Deus?

Invocação ao Espírito Santo

(*A cada invocação, responder: "Ouvi-nos!".*)

– Espírito Santo,

– Iluminai nosso espírito com vossa luz,

– Inflamai nossos corações com vosso amor,

– Tornai-nos dóceis às vossas inspirações,

– Ensinai-nos a orar e orai vós mesmo em nós,

– Ajudai-nos a nos amarmos uns aos outros,

– Revesti-nos de amor e misericórdia para com nossos irmãos doentes e pobres,

– Ajudai-nos a viver sempre em comunidade ao redor da Palavra de Deus,

- Ajudai-nos na libertação do povo escravo, dominado e oprimido,
- Ajudai-nos a amar os desempregados, sem-terra e posseiros.

Todos: *(Oremos.)* Espírito Santo, estamos diante de vós e reunidos em vosso nome, mostrai-nos como devemos agir. Inspirai nossos pensamentos e decisões para que possamos agradar-vos em tudo.

Salmo de louvor 104(103)

Bendizei, ó minha alma, ao Senhor!
Senhor, meu Deus, como sois grande!
De majestade e esplendor, vos revestis
e de luz vos envolveis, como num manto.

(A cada estrofe repete-se o refrão: "Envia teu Espírito, Senhor, e renova a face da terra".)

Quão numerosas, ó Senhor, são vossas obras
e que sabedoria em todas elas,
enche-se a terra com as vossas criaturas,
ó meu Deus e meu Senhor, como sois grande.

Se tirais o seu respiro elas perecem
e voltam para o pó, de onde vieram,
enviais o vosso Espírito e renascem
e da terra toda a face renovais.

Conclusão

Dirigente: Que o Senhor Deus, que é Pai, Filho e Espírito Santo, nos abençoe, nos guarde de todo mal e nos conduza à vida eterna.
Todos: Em nome do Pai, do Filho e do Espírito Santo. Amém.

SEXTO DIA

Dom da ciência

Todos: Em nome do Pai, do Filho e do Espírito Santo. Amém.

Motivação

Dirigente: Movidos pela fé, estamos aqui para orar, refletir e escutar o que o Espírito de Deus quer nos comunicar. Ele é a sabedoria, a inteligência, o conselho, a fortaleza. Hoje vamos suplicar para que nos dê a ciência de que precisamos para bem viver, segundo os desígnios de Deus.

Canto: *(P. 58.) (Ou outro, à escolha.)*

Vem, Espírito Santo, vem,
Vem iluminar.

Dirigente: O que a Bíblia nos diz sobre o dom da ciência e que sentido tem para nossa vida?

Leitor: Diz o apóstolo Paulo: "Se eu falasse a língua dos homens e a dos anjos, mas não tivesse amor, eu seria como um bronze que soa ou um címbalo que retine. Se eu tivesse o dom da profecia, se conhecesse todos os mistérios e toda a ciência, mas não tivesse amor, eu nada seria. [...] A ciência desaparecerá, mas o amor jamais acabará" (cf. 1Cor 13,1-8).

Dirigente: A Palavra de Deus não ignora a ciência humana, mas nos convida a aplicar os conhecimentos adquiridos em favor da vida. O dom da ciência divina nos ajuda a reconhecer como obra de Deus tudo o que existe, nos faz ver em todas as criaturas o reflexo de Deus.

Oração

Todos: Vinde, Espírito Santo. Enchei os corações dos vossos fiéis e acendei neles o fogo do vosso amor. Que vosso Espírito divino, Senhor, nos ilumine, nos abrase e purifique; que nos penetre com seu orvalho celeste e nos torne fecundos em boas obras. Por nosso Senhor Jesus Cristo, vosso filho, na unidade do mesmo Espírito Santo. Amém.

Dirigente: *(Um instante de silêncio para orar ao Espírito Santo que habita em cada um de nós.)* Peçamos-lhe o dom da ciência para pensar e realizar o bem e para poder reconhecer a "mão de Deus" em tudo o que acontece.

(A cada invocação, cantar o refrão: "Quando tu, Senhor, teu Espírito envias, todo mundo renasce, é grande alegria".)

– Vinde, Espírito Santo, animar e vivificar toda a Igreja para que caminhe segundo os vossos ensinamentos.

– Vinde, Espírito Santo, iluminar todas as pessoas que se dedicam ao mundo das ciências.

– Vinde, Espírito Santo, iluminar os que não vos conhecem como Senhor e Criador.

– Vinde, Espírito Santo, iluminar os que se dedicam à comunicação da Palavra de Deus.

Salmo de louvor (Sl 8)

Ó Senhor, nosso Deus,
como é glorioso teu nome em toda a terra!
Sobre os céus se eleva a tua majestade!

Quando olho para o teu céu, obra de tuas mãos,
vejo a lua e as estrelas que criaste;
que coisa é o homem, para dele te lembrares,
que é o ser humano, para o visitares?
No entanto, o fizeste só um pouco menor que
um deus, de glória e de honra o coroaste.

Tu o colocaste à frente das obras de tuas mãos.
Tudo puseste sob seus pés:
todas as ovelhas e bois,
todos os animais do campo,
as aves do céu e os peixes do mar,

todo ser que percorre os caminhos do mar.
Ó Senhor, Senhor nosso,
como é glorioso o teu nome em toda a terra!

Conclusão

Dirigente: Que o Senhor Deus, que é Pai, Filho e Espírito Santo, nos abençoe, nos guarde de todo mal e nos conduza à vida eterna.

(Fazer o sinal da cruz.)

Todos: Em nome do Pai, do Filho e do Espírito Santo. Amém.

SÉTIMO DIA

Dom da piedade

Todos: Em nome do Pai, do Filho e do Espírito Santo. Amém.

Motivação

Dirigente: Movidos pela fé, estamos aqui para orar, refletir e escutar o que o Espírito de Deus quer nos comunicar. Ele é a sabedoria, a inteligência, o conselho, a fortaleza, a ciência, a piedade. Hoje vamos refletir sobre o dom da piedade.

Canto: *(P. 58.) (Ou outro, à escolha.)*
Vem, Espírito Santo, vem,
vem iluminar.

Dirigente: O que a palavra "piedade" quer dizer?

Leitor: A piedade faz com que nos relacionemos com Deus como filhos, nos ensina a considerar Deus como Pai, a confiar nele como a criança que se sente segura quando está nos braços do próprio pai. Ao mesmo tempo, a piedade torna-nos sensíveis aos irmãos e irmãs. Ter piedade não significa apenas ter dó ou compaixão, mas principalmente é ter um coração dócil a Deus, escutar sua Palavra e cultivar a oração. A leitura orante da Palavra de Deus muito nos ajuda a compreender e viver os ensinamentos de Jesus, cuja vida foi uma doação total às pessoas com quem encontrava.

Oração

Todos: Concedei-nos, Senhor, o dom da piedade que nos faz viver aquela afeição filial para com o Pai celeste. Com esse dom, amaremos a Deus de todo coração e ao próximo como a nós mesmos, como nos ensinou Jesus.

Dirigente: Um instante de silêncio para verificarmos o quanto estamos longe de viver o abandono confiante em Deus, ao termos de enfrentar algum problema.

(Pausa.)

Vamos cruzar os braços no peito em forma de cruz, querendo assim abraçar o bom Deus que mora em nós e nos ama com tanto carinho e ternura. E, então, dizemos: "Obrigado, meu Deus!".

(A cada intenção, rezar: "Perdão, Senhor!".)

– Pelas vezes em que não nos dispomos a ajudar as pessoas que nos pediram auxílio material, moral ou espiritual.

– Pelas vezes em que procuramos fugir, negando nosso encontro com as pessoas.

– Pelas vezes em que nos recusamos a ser solidários com pessoas doentes, deficientes ou tristes, angustiadas, em situação de solidão.

Canto: *(As estrofes podem ser rezadas.)*

A nós descei,
Divina Luz. (bis)
Em nossas almas acendei
o amor, o amor de Jesus. (bis)

Vinde, santo Espírito, e do céu mandai
um raio dessa luz.
Vinde, pai dos pobres, doador dos dons,
luz dos corações.
Grande consolador, nossa alma habitais
e nos confortais. Na fadiga repouso
e no ardor brandura, e na dor ternura.
Ó luz venturosa, que vossos clarões
encham os corações.
Sem vosso poder, nada há no vivente,
nada de inocente.
Lavai o impuro e regai o seco,
curai o enfermo.

Dobrai a dureza, aquecei o frio,
livrai do desvio.
Aos vossos fiéis que confiantes oram,
dai os sete dons.
Dai virtude e prêmio.
E no fim dos dias, eterna alegria.

Conclusão

Dirigente: Que o Senhor Deus, que é Pai, Filho e Espírito Santo, nos abençoe, nos guarde de todo mal e nos conduza à vida eterna.
Todos: Em nome do Pai, do Filho e do Espírito Santo. Amém.

OITAVO DIA

Dom do temor de Deus

Todos: Em nome do Pai, do Filho e do Espírito Santo. Amém.

Motivação

Dirigente: Movidos pela fé, estamos aqui para orar, refletir e escutar o que o Espírito de Deus quer nos comunicar. Ele é a sabedoria, a inteligência, o conselho, a fortaleza, a ciência, a piedade. Hoje vamos meditar sobre o dom do temor de Deus.

Canto: *(P. 58.) (Ou outro, à escolha.)*

Vem, Espírito Santo, vem,
vem iluminar.

Dirigente: A Bíblia nos dá o sentido da expressão: temor de Deus. O dom do temor de Deus nos conscientiza da grandeza de

Deus e nos leva a respeitá-lo. A palavra "temor" não significa medo. O respeito deve ser baseado no amor e na gratuidade do relacionamento, e isso nos leva a respeitar também a vida e a dignidade dos filhos de Deus.

Diz o livro de Provérbios: "Confia no Senhor de todo o teu coração e não te apoies na tua própria prudência. [...] Teme o Senhor e afasta-te do mal: isto trará saúde para teu corpo e vigor para teus ossos" (Pr 3,5.8). "Começo da sabedoria é o temor do Senhor" (Pr 9,10).

Invocações ao Espírito Santo

(A cada invocação, responder: "Vinde a nós".)

– Espírito Santo, amor eterno do Pai e do Filho.

– Espírito divino, que sois um só Deus com o Pai e o Filho.

– Espírito de verdade, iluminai-nos.

– A vós consagramos a inteligência e a memória.

– Revelai-nos o sentido profundo da Palavra de Deus.

– Espírito santificador, a vós consagramos nossa vontade.

– Conduzi-nos sempre no caminho do bem.

– Espírito de vida, a vós consagramos nosso coração.

– Fazei crescer em nós o amor a Deus e ao próximo.

– Espírito Santo, renovador, conservai em nós a saúde.

– Livrai-nos de todas as doenças e de todo mal.

Dirigente: (*Um instante de silêncio.*) Com a mão direita, façamos o sinal da cruz na fronte, agradecendo o dom da Crisma, que nos confirmou como discípulos e testemunhas de Cristo na comunidade eclesial e no cotidiano da vida.

Canto: *(As estrofes podem ser rezadas.)*

A nós descei,
divina Luz. (bis)
Em nossas almas acendei
o amor, o amor de Jesus. (bis)

Vinde, santo Espírito, e do céu mandai
dessa luz um raio.
Vinde, pai dos pobres, doador dos dons,
luz dos corações.

Grande consolador, nossa alma habitais
e nos confortais. Na fadiga repouso
e no ardor brandura, e na dor ternura.

Ó luz venturosa, que vossos clarões
encham os corações.
Sem vosso poder, nada há no vivente,
nada de inocente.

Lavai o impuro e regai o seco,
curai o enfermo.
Dobrai a dureza, aquecei o frio,
livrai do desvio.

Aos vossos fiéis que confiantes oram
dai os sete dons.
Dai virtude e prêmio.
E no fim dos dias, eterna alegria.

Conclusão

Dirigente: Que o Espírito de Deus nos abençoe. *(Resposta: Amém.)*
Que o Espírito de Deus nos ilumine. *(Resposta: Amém.)*
Que o Espírito de Deus aumente em nós seu amor. *(Resposta: Amém.)*

Dirigente: Que o Senhor Deus, que é Pai, Filho, Espírito Santo, nos abençoe, nos guarde de todo mal e nos conduza à vida eterna.

Todos: Em nome do Pai, do Filho e do Espírito Santo. Amém.

NONO DIA

Os frutos do Espírito

Motivação

Dirigente: Movidos pela fé e pelo amor que o Espírito Santo nos concede, estamos aqui para completar a novena de Pentecostes. Mas nosso coração cada vez mais se une à toda a Igreja para aguardar a vinda do Paráclito que ficará conosco cada dia de nossa vida.

Canto: *(P. 58.) (Ou outro, à escolha.)*

Vem, Espírito Santo, vem,
vem iluminar.

Leitor: Em suas cartas, o apóstolo Paulo, além do precioso dom do amor, apresenta os frutos do Espírito, que são perfeições que o Espírito Santo nos dá como primícias da glória eterna. A Tradição da Igreja enumera esses doze frutos: amor, alegria, paz, paciência, benignidade, longanimidade, benevolência, humildade, fidelidade, modéstia, continência e castidade (cf. Gl 5,22-23). Todas estas virtudes nos encaminham para a vivência da caridade, que é o dom maior.

Canto: *(P. 61.)*

Vem, vem, vem, vem,
Espírito Santo de amor.

Consagração ao Espírito Santo

(A cada invocação, responder: "Vinde a nós".)

Ó Espírito Santo, divino espírito de luz e de amor,
eu vos consagro a minha inteligência,
o meu coração e a minha vontade,
todo o meu ser, no tempo e na eternidade.
Que a minha inteligência seja sempre dócil
às vossas celestes inspirações e à doutrina
da Igreja Católica,

de quem sois guia inefável.
Que o meu coração esteja sempre inflamado
de amor a Deus e ao próximo.
Que a minha vontade seja sempre conforme
à vontade divina, e que toda a minha vida
seja uma imitação fiel da vida e das virtudes
de nosso Senhor e salvador Jesus Cristo,
a quem, com o Pai convosco,
sejam dadas honra e glória para sempre.
Amém.

(São Pio X)

A Palavra se faz oração

(*A cada intenção, dizer: "Ouvi-nos!".*)

– Espírito de Deus, enviai do céu a vossa luz.

– Pai dos pobres, vossos dons afáveis, dai
aos corações.

– Consolo que acalma, hóspede da alma.

– Enchei, luz bendita, o íntimo de todos nós.

– Dobrai o que é duro, guiai-nos no escuro,
o frio aquecei.

– Dai, em prêmio, ao forte uma santa morte, alegria eterna.

(Prece inspirada na sequência da missa de Pentecostes.)

Oração

Todos: Vinde, Espírito Santo. Enchei os corações dos vossos fiéis e acendei neles o fogo do vosso amor. Que vosso Espírito divino, Senhor, nos ilumine, nos abrase e purifique; que nos penetre com seu orvalho celeste e nos torne fecundos em boas obras. Por nosso Senhor Jesus Cristo, vosso filho, na unidade do mesmo Espírito Santo. Amém.

Salmo de louvor 104(103)

Bendizei, ó minha alma, ao Senhor!
Senhor, meu Deus, como sois grande!
De majestade e esplendor, vos revestis
e de luz vos envolveis, como num manto.

(A cada estrofe repete-se o refrão: "Envia teu Espírito, Senhor, e renova a face da terra".)

Quão numerosas, ó Senhor, são vossas obras
e que sabedoria em todas elas,
enche-se a terra com as vossas criaturas,
ó meu Deus e meu Senhor, como sois grande.

Se tirais o seu respiro elas perecem
e voltam para o pó, de onde vieram,
enviais o vosso Espírito e renascem
e da terra toda a face renovais.

Conclusão

Dirigente: Que o Espírito de Deus nos abençoe. *(Resposta: Amém.)*
Que o Espírito de Deus nos ilumine. *(Resposta: Amém.)*
Que o Espírito de Deus aumente em nós seu amor. *(Resposta: Amém.)*
Dirigente: Que o Senhor Deus, que é Pai, Filho, Espírito Santo, nos abençoe, nos

guarde de todo mal e nos conduza à vida eterna.

Todos: Em nome do Pai, do Filho e do Espírito Santo. Amém.

Oração ao Espírito Santo 1

Espírito Santo,
amor do Pai e do Filho,
inspirai-me sempre o que devo pensar,
o que devo dizer,
o que hei de calar,
o que hei de escrever,
o que hei de fazer,
como o hei de fazer
para a vossa glória,
para o bem das pessoas e a minha própria santificação.
Ó meu bom Jesus, em vós ponho toda a
minha confiança.

(Cardeal Mercier)

Oração ao Espírito Santo 2

– Vinde, Espírito Santo.
– Enchei o coração de vossos fiéis, e acendei neles o fogo do vosso amor.
– Enviai, Senhor, o vosso Espírito e tudo será criado,
– E renovareis a face da terra.

Oremos: Ó Deus, que instruístes os corações dos fiéis com as luzes do Espírito Santo, fazei que apreciemos retamente todas as coisas segundo o mesmo Espírito e que gozemos sempre da sua consolação. Por Cristo, nosso Senhor. Amém.

Consagração ao Espírito Santo

Ó Espírito Santo, divino espírito de luz e
de amor,
eu vos consagro a minha inteligência,
o meu coração e a minha vontade,
todo o meu ser, no tempo e na eternidade.
Que a minha inteligência seja sempre dócil
às vossas celestes inspirações e à doutrina
da Igreja Católica,
de quem sois guia inefável.
Que o meu coração esteja sempre inflamado
de amor a Deus e ao próximo.
Que a minha vontade seja sempre conforme
à vontade divina, e que toda a minha vida
seja uma imitação fiel da vida e das virtudes
de nosso Senhor e salvador Jesus Cristo,
a quem, com o Pai convosco,
sejam dadas honra e glória para sempre.
Amém.

(São Pio X)

Vem, Espírito Criador
(Veni Creator Spiritus)

Vem, Espírito Criador,
as mentes dos teus visita,
enche com a graça do céu
os corações que criaste.
Tu que és chamado Paráclito,
altíssimo dom de Deus,
água viva, fogo, amor
e unção espiritual.
Doador dos sete dons,
dedo da destra de Deus,
solene promessa do Pai,
pões nos lábios a Palavra.
Acende a tua luz na mente
infunde no coração amor
aquilo que em nosso corpo está enfermo
cura-o com o teu eterno poder.
Para longe repele o inimigo
e a paz nos dá sem demora.

E assim por ti conduzidos,
evitaremos todo o mal.
Por ti conheçamos o Pai
e conheçamos também o Filho,
e em ti, Espírito de ambos,
creiamos todos eternamente.
Seja dada ao Pai a glória
e ao Filho que ressuscitou
dentre os mortos, pelo Espírito,
pelos séculos dos séculos. Amém.

(Traduzido do latim por R. Cantalamessa)

Cantos

Vem, Espírito Santo, vem (D.R.)

Vem, Espírito Santo, vem, vem iluminar.

Nossos caminhos vem iluminar!
Nossas ideias vem iluminar!
Nossas angústias vem iluminar!
As incertezas vem iluminar!

Toda a Igreja vem iluminar!
A nossa vida vem iluminar!
Nossas famílias vem iluminar!
Toda a terra vem iluminar!

Vem, Espírito Santo (Lara Gaya)
(CD *Agnus Dei* – Paulinas – COMEP)

Vem, vem, vem, Espírito Santo!
Transforma a minha vida,
quero renascer!

Quero abandonar-me em seu amor,
encharcar-me em seus rios, Senhor,
derrubar as barreiras em meu coração.

Enviai, Senhor (D.R.)
Hinário Litúrgico – 2º Fascículo CNBB

Enviai, Senhor, sobre vossos filhos
o Espírito de santidade!

Que o Espírito nos ensine a rezar,
que ele atraia nossas almas para Deus!

Que nossas almas em fogo se transformem,
pois é ardente o Espírito do Senhor.

Quando tu, Senhor (D.R.)
Hinário Litúrgico – 2º Fascículo CNBB

Quando tu, Senhor, teu Espírito envias
Todo mundo renasce, é grande a alegria!

Ó minha alma bendize ao Senhor
ó Deus grande em poder e amor,
o esplendor de tua glória reluz,
e o céu é teu manto de luz!

Firme e sólida a terra fundaste
com o azul do oceano enfeitaste,
e rebentam tuas fontes nos vales,
correm as águas e cantam as aves!

Lá do alto, tu regas os campos,
cresce a relva e os viventes se fartam!
De tuas obras a terra encheste.
Todas belas e sábias fizeste!

A nós descei! (D.R.)
(Reginaldo Veloso)

A nós descei, Divina Luz!
Em nossas almas acendei:
O amor, o amor de Jesus.

Vinde, Santo Espírito e do céu mandai
dessa luz um raio.
Vinde, pai dos pobres,
doador dos dons,
luz dos corações.

Aos vossos fiéis que confiantes oram,
dai os sete dons.
Dai virtude e prêmio.
E no fim dos dias
eterna alegria.

Vem, vem,vem, vem Espírito Santo de amor!
(Fr. Luiz Turra)

Vem, vem, vem, vem Espírito Santo de amor.
Vem a nós, traz à Igreja um novo vigor!

Presente no início do mundo,
presente na Criação.
Do nada tiraste a vida:
que a vida não sofra no irmão!

Presença de força aos profetas,
que falam sem nada temer.
Contigo sustentam o povo,
na luta que vão empreender!

Presença na Igreja nascente,
os povos consegues reunir;
na mesma linguagem se entendem,
o amor faz a Igreja surgir!

Coleção Nossas Devoções

- *Dulce dos Pobres: novena e biografia* – Marina Mendonça
- *Francisco de Paula Victor: história e novena* – Aparecida Matilde Alves
- *Frei Galvão: novena e história* – Pe. Paulo Saraiva
- *Imaculada Conceição* – Francisco Catão
- *Jesus, Senhor da vida: dezoito orações de cura* – Francisco Catão
- *João Paulo II: novena, história e orações* – Aparecida Matilde Alves
- *João XXIII: biografia e novena* – Marina Mendonça
- *Maria, Mãe de Jesus e Mãe da Humanidade: novena e coroação de Nossa Senhora* – Aparecida Matilde Alves
- *Menino Jesus de Praga: história e novena* – Giovanni Marques Santos
- *Nhá Chica: Bem-aventurada Francisca de Paula de Jesus* – Aparecida Matilde Alves
- *Nossa Senhora Aparecida: história e novena* – Maria Belém
- *Nossa Senhora da Cabeça: história e novena* – Mario Basacchi
- *Nossa Senhora da Luz: novena e história* – Maria Belém
- *Nossa Senhora da Penha: novena e história* – Maria Belém
- *Nossa Senhora da Salete: história e novena* – Aparecida Matilde Alves
- *Nossa Senhora das Graças ou Medalha Milagrosa: novena e origem da devoção* – Mario Basacchi
- *Nossa Senhora de Caravaggio: história e novena* – Leomar A. Brustolin e Volmir Comparin
- *Nossa Senhora de Fátima: novena* – Tarcila Tommasi
- *Nossa Senhora de Guadalupe: novena e história das aparições a São Juan Diego* – Maria Belém
- *Nossa Senhora de Nazaré: novena e história* – Maria Belém
- *Nossa Senhora Desatadora dos Nós: história e novena* – Frei Zeca
- *Nossa Senhora do Bom Parto: novena e reflexões bíblicas* – Mario Basacchi
- *Nossa Senhora do Carmo: novena e história* – Maria Belém
- *Nossa Senhora do Desterro: história e novena* – Celina Helena Weschenfelder
- *Nossa Senhora do Perpétuo Socorro: história e novena* – Mario Basacchi
- *Nossa Senhora Rainha da Paz: história e novena* – Celina Helena Weschenfelder
- *Novena à Divina Misericórdia* – Tarcila Tommasi

- *Novena das Rosas: história e novena de Santa Teresinha do Menino Jesus* – Aparecida Matilde Alves
- *Novena em honra ao Senhor Bom Jesus* – José Ricardo Zonta
- *Ofício da Imaculada Conceição: orações, hinos e reflexões* – Cristóvão Dworak
- *Orações do cristão: preces diárias* – Celina Helena Weschenfelder
- *Os Anjos de Deus: novena* – Francisco Catão
- *Padre Pio: novena e história* – Maria Belém
- *Paulo, homem de Deus: novena de São Paulo Apóstolo* – Francisco Catão
- *Reunidos pela força do Espírito Santo: novena de Pentecostes* – Tarcila Tommasi
- *Rosário dos enfermos* – Aparecida Matilde Alves
- *Rosário por uma transformação espiritual e psicológica* – Gustavo E. Jamut
- *Sagrada Face: história, novena e devocionário* – Giovanni Marques Santos
- *Sagrada Família: novena* – Pe. Paulo Saraiva
- *Sant'Ana: novena e história* – Maria Belém
- *Santa Cecília: novena e história* – Frei Zeca
- *Santa Edwiges: novena e biografia* – J. Alves
- *Santa Filomena: história e novena* – Mario Basacchi
- *Santa Gemma Galgani: história e novena* – José Ricardo Zonta
- *Santa Joana d'Arc: novena e biografia* – Francisco de Castro
- *Santa Luzia: novena e biografia* – J. Alves
- *Santa Maria Goretti: história e novena* – José Ricardo Zonta
- *Santa Paulina: novena e biografia* – J. Alves
- *Santa Rita de Cássia: novena e biografia* – J. Alves
- *Santa Teresa de Calcutá: biografia e novena* – Celina Helena Weschenfelder
- *Santa Teresinha do Menino: novena e biografia* – Jesus Mario Basacchi
- *Santo Afonso de Ligório: novena e biografia* – Mario Basacchi
- *Santo Antônio: novena, trezena e responsório* – Mario Basacchi
- *Santo Expedito: novena e dados biográficos* – Francisco Catão
- *Santo Onofre: história e novena* – Tarcila Tommasi
- *São Benedito: novena e biografia* – J. Alves

- *São Bento: história e novena* – Francisco Catão
- *São Brás: história e novena* – Celina Helena Weschenfelder
- *São Cosme e São Damião: biografia e novena* – Mario Basacchi
- *São Cristóvão: história e novena* – Mário José Neto
- *São Francisco de Assis: novena e biografia* – Mario Basacchi
- *São Francisco Xavier: novena e biografia* – Gabriel Guarnieri
- *São Geraldo Majela: novena e biografia* – J. Alves
- *São Guido Maria Conforti: novena e biografia* – Gabriel Guarnieri
- *São José: história e novena* – Aparecida Matilde Alves
- *São Judas Tadeu: história e novena* – Maria Belém
- *São Marcelino Champagnat: novena e biografia* – Ir. Egídio Luiz Setti
- *São Miguel Arcanjo: novena* – Francisco Catão
- *São Pedro, Apóstolo: novena e biografia* – Maria Belém
- *São Peregrino Laziosi* – Tarcila Tommasi
- *São Roque: novena e biografia* – Roseane Gomes Barbosa
- *São Sebastião: novena e biografia* – Mario Basacchi
- *São Tarcísio: novena e biografia* – Frei Zeca
- *São Vito, mártir: história e novena* – Mario Basacchi
- *Senhora da Piedade: setenário das dores de Maria* – Aparecida Matilde Alves
- *Tiago Alberione: novena e biografia* – Maria Belém